CONFÉRENCE BONCENNE

(Palais de Justice de Niort)

CALCUL

DU

SALAIRE DE BASE

d'après la loi du 9 avril 1898

ET SON APPLICATION A LA GRÈVE

CONFÉRENCE PRONONCÉE LE 20 JANVIER 1904

PAR

ALBERT JOLY

Étudiant en Droit

NIORT

IMPRIMERIE TH. MERCIER

1, rue Yver, 1

1904

CALCUL DU SALAIRE DE BASE

d'après la loi du 9 avril 1898

ET SON APPLICATION A LA GRÊVE

CALCUL

DU

SALAIRE DE BASE

d'après la loi du 9 avril 1898

ET SON APPLICATION A LA GRÈVE

CONFÉRENCE PRONONCÉE LE 20 JANVIER 1904

PAR

ALBERT JOLY

Étudiant en Droit

NIORT
IMPRIMERIE TH. MERCIER
1, rue Yver, 1

1904

CALCUL DU SALAIRE DE BASE

d'après la loi du 9 avril 1898

ET SON APPLICATION A LA GRÈVE

Messieurs,

Voulant répondre au désir de M. le Président, je reprends un sujet qui a déjà été traité contradictoirement à la séance du 6 janvier 1904 de la conférence Boncenne ; mais je tiens à vous avertir, afin d'éviter toute désillusion, que je n'ai nullement l'intention de vous étaler des phrases de rhétorique, de vous débiter une conférence d'un langage noble et distingué. Non, tel n'est pas mon but.

Je veux seulement essayer de développer et de préciser un point vraiment abstrait ; je veux essayer de commenter l'article 10 de la loi du 9 avril 1898.

Le point délicat est de très bien s'imprégner de l'idée du législateur, de s'entendre sur les différents cas prévus dans l'article 10 et ensuite, messieurs, pour résoudre la question posée, il vous suffira de faire une simple application de l'article élucidé.

Avant de commencer toute discussion, lisons l'article 10 ainsi conçu :

« Art. 10. — Le salaire servant de base à la fixation des
» rentes s'entend, pour l'ouvrier occupé dans l'entreprise
» pendant les douze mois écoulés avant l'accident, de la
» rémunération effective qui lui a été allouée pendant ce
» temps, soit en argent, soit en nature.

» Pour les ouvriers occupés pendant moins de douze

» mois avant l'accident, il doit s'entendre de la rémunéra-
» tion effective qu'ils ont reçue depuis leur entrée dans
» l'entreprise, augmentée de la rémunération moyenne
» qu'ont reçue, pendant la période nécessaire pour com-
» pléter les douze mois, les ouvriers de la même catégorie.

» Si le travail n'est pas continu, le salaire annuel est
» calculé tant d'après la rémunération reçue pendant la
» période d'activité que d'après le gain de l'ouvrier
» pendant le reste de l'année. »

Cet article est long et embrouillé ; on a voulu lui faire dire beaucoup de choses en le moins de termes possible ; d'ailleurs il en est à peu près ainsi de toutes les dispositions de la loi de 1898.

Le législateur s'est trouvé acculé à de nombreuses difficultés ; depuis longtemps le besoin d'une réforme au régime antérieur à 1898 se faisait sentir. Les travaux ont duré fort longtemps ; en effet, la première proposition est celle de M. Martin Nadaud déposée le 29 mai 1880 et la loi ne fut votée par le Sénat que le 19 mars 1898 et par la Chambre des députés le 26 mars 1898.

Il semblerait, messieurs, qu'une loi qui a été discutée pendant si longtemps devrait être parfaite et sans besoin de commentaires ; il n'en est rien. D'autres discussions étaient encore nécessaires, mais nos députés pressés par les élections qui arrivaient à grands pas ont dû voter la loi et la rendre définitive.

La loi de 1898 est, messieurs, une loi d'ordre public ; toute convention contraire est nulle de plein droit.

Quel a été véritablement le but du législateur ? M. Ricard, rapporteur à la Chambre, nous l'a dit :

« La loi actuelle est inspirée par la plus haute pensée
» de concorde et d'apaisement, c'est une œuvre de paci-
» fication ; *c'est surtout une œuvre de justice.* »

On a dit à la tribune de la Chambre :

« Ce que nous voulons faire ici, c'est une loi de *justice ;*
ce n'est pas une loi d'assistance. »

Il faut donc, messieurs, quand on est appelé, comme en
ce moment, à commenter la loi ou une partie de la loi de
1898, ne prendre en considération ni le sort de l'ouvrier,
ni la situation du patron. Nous ne devons nous apitoyer
ni pour l'un ni pour l'autre.

Ce que nous devons, avant tout, c'est chercher quel est
le principe de justice qui ressort de telle ou telle disposition de la loi.

Nous devons chercher dans le texte même de la loi la
solution à la question qui nous est posée.

Nous devons nous en tenir à une stricte interprétation
ou plutôt à une scrupuleuse analyse de la loi.

C'est, si vous le voulez bien, l'étude que nous allons
essayer de faire ensemble.

Je me propose de tacher de préciser *ce que l'on entend
par entreprise à travail continu et entreprise à travail non
continu.*

Je me propose également de poser des principes évidents
découlant naturellement des différentes discussions dans
lesquelles je vais m'engager.

Et alors, messieurs, il nous sera facile, de voir, en appliquant les règles que nous nous serons posées, si tel ou
tel chômage donne lieu à majoration ou non.

Et vous verrez que, quand il s'agit d'une *grève générale,*
vous entendez bien : d'une grève générale, on ne doit pas
majorer les salaires effectifs.

L'ouvrier dans sa vie de labeur a à déplorer de nombreux
chômages, c'est incontestable ; eh bien ! messieurs, quand
un ouvrier est victime d'un accident et par suite réclame
à son patron une rente due en conformité de la loi de 1898,

qu'elle sera la base sur laquelle nous nous appuierons pour fixer ce qui est dû à l'ouvrier ?

Vous trouverez la réponse dans l'article 10 de ladite loi qui est le seul fixant les règles d'après lesquelles sera déterminé le salaire annuel qui doit servir de base à la fixation des rentes viagères ou temporaires.

L'article 20 permet, dans certains cas, de déroger à l'article 10 ; aussi avant de m'appesantir sur l'étude de ce dernier, je tiens à vous prouver que la dérogation dudit article 20 n'est pas recevable dans notre hypothèse.

« Art. 20. — Aucune des indemnités déterminées par
» la présente loi ne peut être attribuée à la victime qui a
» intentionnellement provoqué l'accident.

» Le tribunal a le droit, s'il est prouvé que l'accident
» est dû à une faute inexcusable de l'ouvrier, de diminuer
» la pension fixée au titre 1er.

» Lorsqu'il est prouvé que l'accident est dû à la faute
» inexcusable du patron ou de ceux qu'il s'est substitués
» dans la direction, l'indemnité pourra être majorée, mais
» sans que la rente viagère ou le total des rentes viagères
» allouées puisse dépasser soit la réduction, soit le mon-
» tant du salaire annuel. »

La loi de 1898 est un véritable forfait légal, sous réserve bien entendu des dispositions de l'article 20 de la loi relatives à la faute inexcusable de la victime ou du patron.

Qu'est-ce que l'on entend par faute inexcusable du patron ?

Si la faute inexcusable échappe à une définition parce qu'elle répond à une notion dont l'appréciation est subordonnée aux circonstances les plus variées, elle doit néanmoins s'entendre d'une faute grossière, impardonnable, qui doit être d'une gravité telle qu'elle soit sans excuse.

Les tribunaux, et pour le moment, la conférence

Boncenne, a à cet égard un pouvoir d'appréciation souverain.

La question de savoir si une faute est inexcusable est une question de pur fait qui se réfère exclusivement au degré de gravité de la faute.

En conscience, messieurs, admettrez-vous que lorsqu'un ouvrier est obligé de chômer, est obligé de suspendre involontairement, je le veux bien, son travail, soit pour maladie, soit pour morte-saisons, soit pour manque d'ouvrage dans une usine ou manufacture ou chantier, soit pour satisfaire aux exigences de la loi militaire, soit même par suite d'une grève déclarée par d'autres ouvriers et à laquelle il n'aura nullement contribué, admettrez-vous, dis-je, qu'il y ait là faute inexcusable du patron et par suite motif à la majoration des salaires effectifs gagnés par l'ouvrier victime d'un accident ? Je ne le pense pas.

Le patron est le premier à en souffrir, car sa production diminue, ses intérêts sont fortement atteints et tout porte à croire que s'il eût été en son pouvoir d'éviter de pareils fléaux, il l'eût fait dans son propre avantage.

Évidemment il n'y a pas non plus faute inexcusable et même simple faute de la part de l'ouvrier. Je veux bien admettre que l'ouvrier ne peut pas être accusé comme auteur des chômages sinon réguliers mais tout au moins fréquents auxquels il est assujetti ; mais s'il n'y a pas faute de l'ouvrier, il faut bien avouer qu'il n'y a pas non plus faute du patron et je ne vois pas pourquoi on augmenterait les charges déjà lourdes du patron au bénéfice de l'ouvrier, attendu que le principe de justice ne le dicte pas.

M. Félix Martin présenta, à la séance du Sénat du 4 mars 1898, les observations suivantes :

« Je comprends que l'on majore la pension lorsque
» l'accident sera dû à la faute inexcusable d'un directeur

» de travail, d'un chef d'atelier investi de l'autorité patro-
» nale, mais je trouve excessif de faire supporter au
» patron des charges supérieures au risque professionnel,
» quand c'est un simple ouvrier qui a causé un accident à
» un de ses camarades même par sa faute inexcusable. »

Voilà qui condamne d'une façon péremptoire l'allégation de l'ouvrier qui prétend que la grève, cause d'un chômage qu'il a dû subir, a été déclarée par d'autres ouvriers et qu'il n'a pas dépendu de lui de continuer le travail ou de le reprendre.

Je reviens au salaire de base des rentes viagères ou temporaires ; je vais entrer dans le vif de la discussion de l'article 10 qui est fort long et peut être trop général ; mais qui cependant n'est pas aussi obscur qu'on pourrait le supposer à prime abord.

Le mot salaire effectif revient plusieurs fois ; il a une réelle importance. Le salaire effectif, le sens grammatical du mot vous l'indique, est le salaire réel, le salaire vraiment gagné par l'ouvrier par opposition au salaire fictif, c'est-à-dire au salaire qui aurait pu ou aurait dû être gagné, mais ne l'a pas été pour une cause quelconque.

« Le caractère impératif de la règle donné par la loi a
» été attribué aux mots : « rémunération effective » et a
» conduit à priver l'ouvrier, pour la période d'activité,
» du bénéfice des jours de chômage, même involontaire. »
(Bellom. *De la responsabilité en matière d'accidents du tra-vail.*)

On a voulu faire une loi de justice et non une loi d'assis-tance et la justice veut que l'on table sur ce qui est et non sur ce qui aurait pu être.

L'article 10 détermine la manière de calculer ce qu'on appelle le salaire de base et prévoit deux hypothèses :

d'abord le cas où il s'agit d'une industrie dans laquelle le travail est continu, a lieu toute l'année, puis le cas où il s'agit d'une industrie dans laquelle le travail n'est pas continu, est interrompu pendant un certain temps de l'année.

Dans le premier cas, si la victime travaillait au moment de l'accident dans la même maison, dans la même entreprise depuis douze mois consécutifs, rien n'est plus facile que de fixer son salaire ; il suffit pour cela, de produire soit un extrait certifié conforme des livres de paie du patron, soit ces livres eux-mêmes (§ 1er, art. 10). Si la victime ne travaillait que depuis six mois par exemple, dans cette entreprise, il faut à ce qu'il a gagné pendant ce temps, ajouter ce qu'ont gagné pendant les six mois précédents, en moyenne, des ouvriers de la même catégorie, toujours dans la même entreprise. Le total donne le salaire de base d'après lequel doit être fixée l'indemnité (§ 2, art. 10).

Dans le second cas, c'est-à-dire s'il s'agit d'une industrie dans laquelle le travail n'est pas continu, il faut à ce que la victime a effectivement gagné pendant la période d'activité, ajouter ce qu'elle a gagné en travaillant ailleurs, même dans une industrie tout à fait différente, c'est encore le total de ces deux sommes qui donnera le salaire de base (§ 3, art. 10).

Remarquez, messieurs, qu'une industrie peut être *sui generis*, industrie à travail continu, et cependant devenir dans des circonstances extraordinaires, industrie à travail non continu et réciproquement. Ainsi l'industrie minière est *sui generis* une industrie à travail continu ou industrie fonctionnant régulièrement ; mais admettez pour un instant qu'une explosion de grisou ou tout autre évènement fâcheux oblige de suspendre l'exploitation d'une mine pendant un temps plus ou moins long, cette industrie devient à travail non continu quant à la mine victime du dit évènement.

Vous me direz que si telle mine ne peut être exploitée, d'autres le sont et l'industrie minière, en tant qu'industrie minière, reste toujours une industrie à travail continu. Je l'admets ; mais à cela je répondrai que la loi, quand il s'agit de faire une rente à un ouvrier victime d'un accident ne s'occupe nullement de ce qui se passe dans les différentes entreprises similaires de celle où travaillait l'ouvrier, mais bien de ce qui se passe dans l'entreprise même où il travaillait lors de l'accident.

C'est ce qui découle clairement des discussions mémorables de la loi de 1898.

« Autrefois, aux termes de l'article 1382 du Code civil, » seul appliqué à la matière, l'ouvrier supportait tous les » risques ; désormais aux termes de la loi nouvelle ce sera » l'industrie. » (Pierre de Lacoste-Lareymondie. *Thèse pour le doctorat*, p. 2.)

« De même que le navire supporte la charge des acci- » dents survenus à son bord, de même l'industrie doit » secourir les victimes qu'elle occasionne............. » L'industrie est pour le patron une source de bénéfices, » mais pour l'ouvrier elle est aussi une source d'accidents ; » les uns devront être réparés par les autres, et de même » que l'on prévoyait l'usure des machines et le renouvel- » lement du matériel mécanique, désormais on devra » prévoir les accidents, l'usure du matériel humain et en » faire rentrer la réparation dans les frais généraux de » l'industrie.

» Autrefois, l'accident était imputable soit au patron, » soit à l'ouvrier ; quand il ne l'était ni à l'un ni à l'autre, » il provenait alors du cas fortuit ; désormais plus de » distinction de cette nature, il est admis que le patron » peut se tromper, que l'ouvrier peut avoir un instant de

» négligence ou commettre une imprudence, ce sont des
» actes inhérents à la nature humaine que l'on doit excu-
» ser ; puisque l'industrie a besoin d'hommes, elle devra
» les accepter avec toutes leurs faiblesses et en supporter
» tous les risques. » (Pierre de Lacoste-Lareymondie.
Thèse pour le doctorat, p. 69 et 70).

Or, pour que l'industrie, pour que l'entreprise puisse
être responsable, il faut qu'elle existe, qu'elle fonctionne ;
on ne peut rendre le néant responsable.

Ce n'est pas l'ouvrier, mais l'exercice, l'action de l'entreprise qui décide de la continuité ou de la non continuité
du travail.

Peu importe que tel ou tel ouvrier travaille ou non,
puisse ou non travailler, si l'entreprise fonctionne, nous
dirons que nous sommes dans le cas d'une industrie à
travail continu, tandis que tous les ouvriers de la terre
seraient-ils capables de travailler, si l'entreprise ne fonctionne pas nous nous trouvons en face d'une industrie à
travail non continu, serait-elle à travail continu *sui generis*.

Je vous prie, messieurs, de m'excuser de m'être attardé
à préciser la continuité et la discontinuité du travail, mais
c'était le principal point sur lequel les différents membres
de la conférence Boncenne n'avaient pu s'entendre à la
séance du 6 janvier et c'est d'ailleurs ce qui a motivé la
conférence de ce soir.

. . . .

M. Félix Martin, pendant la longue durée des travaux
préparatoires, a beaucoup insisté pour que l'on précise ce
qu'il adviendrait dans de nombreux cas particuliers.

A la séance du Sénat du 28 octobre 1895, M. Boucher,
ministre du commerce et de l'industrie, a dit : « Je crains
» qu'à vouloir trop prévoir des cas particuliers, nous
» n'arrivions à des solutions inacceptables. Le texte de la

» commission me paraît répondre à une idée de justice…
» il faut, je crois, laisser quelque chose à l'apprécation du
» juge. »

Afin de bien nous pénétrer de l'esprit de la loi, de bien connaître la pensée du législateur qui nous guidera quand nous en arriverons à l'application de la loi dans des cas particuliers, je crois qu'il est bon de lire les discussions qui ont été l'objet de plusieurs séances du Sénat.

« A la séance du 4 mars 1898, M. Félix Martin ap roposé
» la disposition suivante : « Lorsque par suite de maladie,
» blessure, service militaire, etc., l'ouvrier aura chômé au
» cours de ces douze mois, le tribunal pourra lui recon-
» naître un salaire annuel supérieur à cette rémunération
» effective. »

» M. Félix Martin a dit que le paragraphe premier dis-
» posait que le salaire se fixait d'après la rémunération
» effective touchée par l'ouvrier pendant les douze mois
» écoulés avant l'accident. Mais en cas de maladie, de
» blessure, de service militaire, il y avait lieu de laisser
» au tribunal le droit d'apprécier si le chômage avait été
» assez long ou assez fréquent pour avoir fait descendre
» le salaire annuel au-dessous de son chiffre habituel. Le
» tribunal pourrait consulter le salaire annuel des années
» précédentes et prendre la moyenne, ou opérer de toute
» autre façon pour arriver à fixer équitablement le salaire
» annuel vraiment rationnel.

» M. Thévenet, rapporteur, a répondu : « La commis-
» sion n'a pas admis la rédaction proposée par M. Félix
» Martin, parce qu'elle est beaucoup moins générale, et,
» n'en déplaise à M. Félix Martin, moins claire que celle
» de la commission. M. Félix Martin, dans son amende-
» ment prévoit le cas de maladie, de service militaire,
» etc. ; nous nous servons, nous, d'expressions infiniment
» plus générales, nous disons que, lorsque l'ouvrier aura

» été occupé depuis moins de douze mois dans l'entre-
» prise... » — M. Félix Martin : « Ce n'est pas cela. » —
» M. le rapporteur : « Comment, ce n'est pas cela ? Lors-
» qu'on dit que pendant un an l'ouvrier aurait été occupé
» moins de douze mois, cela veut dire d'une façon géné-
» rale que pendant quelques mois de l'année il n'aura pas
» été occupé, c'est-à-dire qu'il aura été malade ou qu'il
» aura été au service militaire. Dans ce cas, comment
» règle-t-on l'indemnité ? Nous le disons dans le deuxième
» paragraphe de l'article 10. » M. Félix Martin a répondu
» qu'il était stupéfait d'entendre le rapporteur déclarer
» que le second paragraphe s'appliquait au cas qu'il avait
» cité. « Le premier paragraphe, a ajouté M. Martin, vise
» les ouvriers qui sont depuis un an au moins dans l'en-
» treprise. Le second paragraphe vise les victimes d'acci-
» dents qui travaillent depuis moins de douze mois dans
» l'entreprise et auxquels il faut nécessairement attribuer
» un salaire annuel hypothétique. On est dès lors obligé
» de les assimiler à telle ou telle catégorie d'ouvriers de
» la même entreprise dont on prend le salaire pour terme
» de comparaison... Mais le rédacteur du deuxième
» alinéa n'a jamais songé à résoudre la question du
» chômage accidentel des ouvriers occupés depuis long-
» temps dans l'entreprise. »

» M. Bérenger, président de la commission, a répondu :
» La commission avait posé une règle générale qui nous
» semblait s'appliquer à tout. M. Félix Martin fait ressortir
» quelques cas particuliers pour lesquels il lui semble
» qu'il faudrait une règle spéciale. La commission exami-
» nera la question entre les deux délibérations (séance
» du 4 mars 1898).

» Lors de la deuxième délibération, la commission n'a
» apporté aucune modification ou addition au texte de
» l'article 10. A la séance du 18 mars 1898 M. Félix Martin

» a proposé une disposition analogue à celle proposée à
» la séance du 4 mars.

» M. Thévenet, rapporteur, a combattu l'amendement ;
» il a dit que pour déterminer une pension il fallait prendre
» le salaire annuel : Comment déterminer le salaire
» annuel ? a dit M. Thévenet. La commission s'est placée
» en face de trois hypothèses bien distinctes qui lui parais-
» saient comprendre tous les cas, et c'est pour cela qu'elle
» a fait trois paragraphes. Dans le premier paragraphe, elle
» s'exprime ainsi : « Le salaire servant de base à la fixation,
» etc. (texte actuel) » Rien de plus clair. Voilà un ouvrier
» qui est depuis plus d'un an dans une usine ; c'est le
» salaire de l'année écoulée avant l'accident qui va servir
» de base pour la fixation de la pension. » — M. Félix Mar-
» tin : « Et s'il est malade ? » — M. le rapporteur : « S'il est
» malade ? C'est une question d'appréciation. Il est incon-
» testable que le tribunal tiendra compte des causes acci-
» dentelles. Lorsqu'on calcule un salaire annuel on ne tient
» pas compte des causes accidentelles qui sont venues in-
» terrompre le travail et, par conséquent, diminuer le sa-
» laire annuel de l'ouvrier ; on apprécie le salaire dans son
» ensemble et non pas en le morcelant comme le voudrait
» M. Félix Martin par son amendement. »

» M. Thévenet a encore dit : « Notre honorable collègue
» suppose que le travail aura été interrompu par une
» cause accidentelle, c'est le mot dont il se sert dans son
» amendement. Les causes accidentelles n'empêcheront
» pas la fixation du salaire à l'année, on appréciera voilà
» tout. » (Dalloz. *Jurisprudence générale*, année 1898,
4e partie, p. 74 et 75.)

L'amendement de M. Félix Martin n'a pas été pris en
considération à la séance du 18 mars 1898.

Nous devons donc, pour ne pas sortir de l'esprit de la
loi, avoir recours à une appréciation.

Mais toute appréciation pour être équitable, et dans notre sujet surtout où l'idée de justice doit sans cesse nous guider, toute appréciation, dis-je, doit être soumise à des règles autant que possible fixes et immuables.

La longue lecture que nous venons de faire nous conduit à cette conséquence ; c'est que :

Les chômages dus à des causes normales et prévues, les chômages périodiques, les chômages de courte durée, ne doivent pas être comptés quand il s'agit de calculer le salaire annuel de l'ouvrier.

S'il en était autrement il y aurait sans contredit morcellement du salaire, et le rapporteur a dit d'une façon assez précise que c'est ce que l'on a voulu éviter.

« Dans les entreprises à travail continu l'ouvrier peut
» être quelquefois réduit à l'inaction ; cette suspension
» du travail ne doit pas intervenir dans le calcul du salaire
» de base, si elle est de courte durée et résulte, soit de
» causes normales et prévues, telles que les intempéries,
» soit de simples indispositions de l'ouvrier. » (Bellom.
Responsabilité en matière d'accidents du travail, p. 165.)

Au contraire, on doit en général tenir compte des chômages résultant de causes imprévues ou accidentelles, de causes fortuites et involontaires.

« Elle (la suspension du travail) peut intervenir au
» contraire si elle est de longue durée et provient soit de
» causes imprévues..., soit de maladie prolongée de
» l'ouvrier. » (Bellom. *Responsabilité en matière d'accidents du travail*, p. 165.)

C'est à mon avis ce qui ressort de l'esprit de justice dont on a voulu imprégner la loi de 1898.

De ce que nous avons dit de la continuité et de la non continuité du travail, des chômages dus à des causes prévues et dus à des causes imprévues, je crois que nous pouvons poser le principe fondamental suivant qui va désormais nous servir à l'application des différents cas particuliers qui se présentent et pour lesquels M. Félix Martin exigeait des dispositions spéciales.

« Quand un ouvrier victime d'un accident a droit à une
» rente, pour qu'il y ait lieu d'augmenter le salaire effectif
» du salaire qui n'a pu être gagné par suite d'un chômage
» qui s'est produit dans le courant des douze mois qui ont
» précédé l'accident, il faut que nous nous trouvions à la
» fois en présence d'une industrie à travail continu et
» d'un chômage dû à une cause imprévue ou accidentelle. »

Ces deux éléments sont indispensables : travail continu, d'une part, et chômage dû à une cause imprévue ou accidentelle, d'autre part.

Je vais maintenant, messieurs, passer à l'application du principe fondamental en considérant les différents chômages qui me viendront à l'idée.

Les dimanches et jours de fête sont des chômages dus à des causes normales, ce sont des chômages périodiques, donc il s'agit de les écarter dans le calcul du salaire annuel de l'ouvrier.

Les morte-saisons, les intempéries, le manque d'ouvrage, les indispositions inhérentes à la santé habituelle de chaque ouvrier, tels sont encore des chômages périodiques, dont on ne doit pas tenir compte dans le calcul du salaire annuel de l'ouvrier.

Que doit-il être décidé du chômage dû à la maladie ?

Appliquons toujours le principe fondamental.

Les deux éléments nécessaires pour qu'il y ait lieu à majoration sont-ils réunis ? je réponds : oui.

En effet, de ce que tel ou tel ouvrier ne peut, par suite de maladie, continuer son travail, il ne s'ensuit pas que l'entreprise cesse de fonctionner. Le patron continuera à faire travailler les autres ouvriers et si un ouvrier, victime d'un accident, a droit à une rente et que pendant un certain temps, compris dans les douze mois qui ont précédé l'accident, cet ouvrier a été malade, on ajoutera à son salaire effectif le salaire moyen gagné par les ouvriers de la même catégorie, c'est-à-dire que son cas rentrera dans le paragraphe 2 de l'article 10 ; car l'ouvrier a cessé momentanément de travailler il est vrai, mais l'entreprise a continué de fonctionner. Donc travail, continu et chômage accidentel.

Il en serait de même si un ouvrier avait dû remplir les obligations du service militaire.

Par le fait qu'un ouvrier ira faire sa période d'instruction par exemple, l'industrie ne cessera pas de fonctionner.

Dans ce cas encore : travail continu et chômage accidentel.

La foudre, un tremblement de terre, une inondation, cas de force majeure ayant une cause indépendante de l'industrie, viennent à causer un trouble considérable dans une entreprise, nous sommes dans le cas d'un chômage dû à une cause accidentelle, à une cause imprévue et si quelques ouvriers de la même catégorie peuvent travailler, l'entreprise n'a pas cessé de fonctionner et il y a lieu à majoration ; mais si au contraire l'entreprise s'est trouvée suspendue, a cessé de fonctionner pendant un temps relativement long, nous tombons dans le cas d'un travail non continu et par conséquent il n'y a pas lieu à majoration.

Considérons, si vous le voulez bien, le cas d'un industriel, d'un entrepreneur quelconque en état de faillite.

M. X... par jugement d'un tribunal de commerce est déclaré en état de faillite ; les scellés sont apposés, il congédie ses ouvriers, l'entreprise, quoique à travail continu *sui generis*, devient à travail non continu.

L'ouvrier dont en général les ressources sont modiques est dans l'obligation morale de chercher du travail par ailleurs, s'il veut subvenir à ses besoins et pourvoir aux exigences de la vie tant pour lui que pour les siens. Je suppose que le failli obtienne ensuite son concordat, il se trouve réhabilité et peut recommencer à faire travailler.

M. X... embauche alors un ou plusieurs des ouvriers qu'il occupait avant la déclaration de faillite ; et dans un délai moindre d'un an, l'un de ces ouvriers est victime d'un accident entraînant une rente ; quel sera le salaire de base ?

Eh bien, messieurs, nous tombons sous le coup du paragraphe 3 de l'article 10. On ne devra pas augmenter le salaire effectif du salaire qui aurait pu être gagné pendant le temps qui s'est écoulé entre la déclaration de faillite et le concordat, mais à ce que la victime a effectivement gagné pendant la période d'activité, on ajoutera ce qu'elle a gagné en travaillant ailleurs même dans une industrie tout à fait différente.

Que se passera-t-il quand une industrie aura été anéantie par suite d'un incendie ?

Exemple : l'usine de la maison Pernot incendiée en 1902, sauf erreur de date.

Nous suivrons le même raisonnement que dans le cas d'une faillite et nous tablerons comme pour une entreprise à travail non continu, c'est-à-dire que nous appliquerons le paragraphe 3 de l'article 10.

C'est ce que la justice nous dicte ; en effet, admettez pour un instant que l'incendie qui s'est déclaré le 14 juillet 1903 à Niort, chez Mlle Join ait dévoré bâtiment et matériel d'une entreprise soumise à l'application de la loi de 1898.

Il serait illogique de penser que les ouvriers auraient pu attendre jusqu'à ce jour, et plus encore puisque *adhuc sub judice lis est*, sans avoir pensé à chercher du travail par ailleurs et attendant patiemment que l'entreprise puisse recommencer à fonctionner. Tel n'est pas la condition sociale de l'ouvrier qui, je vous le disais tout à l'heure, est obligé de travailler pour gagner sa vie.

Je passe maintenant aux cas fortuits inhérents au fonctionnement de l'industrie : explosion d'une chaudière, rupture d'un volant.

En appliquant toujours notre principe, nous voyons que si quelques ouvriers de la même catégorie travaillent, ne fût-ce qu'un seul, le travail est continu et nous avons affaire à des cas fortuits accidentels ; donc majoration du salaire effectif, autrement dit application du paragraphe 2 de l'article 10 ; mais si au contraire aucun ouvrier de la même catégorie ne travaille pendant un temps relativement long, le travail cesse d'être continu et, un des éléments de notre principe faisant défaut, il n'y a pas lieu d'appliquer le paragraphe 2.

Maintenant, qu'allons-nous décider pour la grève ?

Je suppose bien entendu que le demandeur établisse qu'il n'a pas dépendu de lui de continuer le travail ou de le reprendre.

La grève est un acte de libre volonté n'ayant rien de commun avec la force majeure. A l'ouvrier qui nous dira qu'il n'a pas dépendu de lui de faire grève, nous répondrons : « Vous n'aviez qu'à changer de patron, qu'à chercher du travail dans une industrie semblable ou différente. » Nous ne sommes plus au temps des corporations où chacun devait s'en tenir à sa profession.

En conséquence, quand une grève est déclarée, l'ouvrier qui volontairement ou non cesse de travailler perd par là-même tout droit à son salaire. La grève ne constitue pas par elle-même une cause fortuite et involontaire de chômage et ne saurait donner lieu à l'application du paragraphe 2 de l'article 10.

La grève en droit strict est une suspension volontaire du travail. Par la grève, l'ouvrier et le patron sont déliés vis-à-vis l'un de l'autre de toute espèce d'engagement, l'ouvrier cesse d'appartenir à l'usine et son cas rentre dans le paragraphe 3 de l'article 10, c'est-à-dire dans le cas d'un ouvrier travaillant dans une usine où le travail n'est pas continu sous réserves des remarques que je vais faire.

La grève ne doit en aucune façon être considérée comme créant par elle-même une interruption involontaire de travail.

L'ouvrier obligé de suspendre son travail par suite d'une grève en cherchera partout où il sera susceptible d'en obtenir, s'il est soucieux de ses intérêts ; et si plus tard il s'embauche à nouveau là où la grève l'avait obligé de cesser de travailler et qu'il soit victime d'un accident lui donnant droit à une rente due en conformité de la loi de 1898, on ajoutera à ce qu'il aura gagné pendant la période d'activité ce qu'il aura gagné en travaillant ailleurs pendant le temps de la grève ; rien de plus facile.

Mais qu'arrive-t-il souvent ? C'est que, vu la bonne organisation des syndicats ouvriers, les grévistes reçoivent desdits syndicats des rémunérations ou plutôt des indemnités qui leur permettent de ne pas trop languir et l'ouvrier achalandé par ces aubaines ne s'inquiète pas de chercher du travail.

Pour la grève comme pour tous autres chômages nous devons tabler avec équité, puisque le législateur a voulu faire une loi de justice et non une loi d'assistance.

Et pour cela restons fidèles à notre principe fondamental. Car, je me suis assez attardé pour le démontrer : c'est de l'entreprise et non de l'ouvrier que dépend la continuité et la non continuité du travail.

Donc si nous n'avons affaire qu'à une grève partielle, si quelques ouvriers, quelqu'infime qu'en soit le nombre, travaillent, on devra ajouter au salaire effectif le salaire moyen gagné par les ouvriers de la même catégorie, c'est-à-dire appliquer le paragraphe 2, puisque les deux éléments nécessaires sont présents : continuité du travail et chômage accidentel.

Si au contraire la grève est générale, c'est-à-dire si tous les ouvriers sans exception cessent de travailler volontairement ou non, l'entreprise cesse de fonctionner et la continuité du travail disparaît ; donc il n'y a plus lieu à l'application du paragraphe 2 mais bien à celle du paragraphe 3.

D'ailleurs, messieurs, si vous vouliez admettre le contraire, vous arriveriez au même résultat. En effet ; si nous appliquions le paragraphe 2, qu'arriverait-il ?

Le salaire de base serait le salaire effectif gagné par l'ouvrier, soit S augmenté du salaire gagné par les ouvriers de la même catégorie dans la même entreprise, soit X, donc salaire de base $= S + X$. Or, si la grève est générale, il n'y aura aucun ouvrier de la même catégorie ayant travaillé, donc X serait égal à zéro et vous aurez salaire de base $= S + 0$, c'est-à-dire égal S ou le salaire effectif seul sans augmentation.

Vous voyez donc, messieurs, qu'on est fatalement appelé soit théoriquement, soit mathématiquement à faire entrer la grève générale dans le paragraphe 3 et non dans le paragraphe 2 de l'article 10 de la loi du 9 avril 1898.

En résumé le principe fondamental que j'ai posé trouve son application pour tous les cas que je viens de passer en revue et, s'il est d'autres cas qui peuvent se présenter, je maintiens que vous en trouverez la solution en ayant recours audit principe.